AF468909

ÉLECTIONS
DE 1824.

Depuis la convocation générale des Collèges Électoraux, l'agitation qui devait résulter d'une mesure politique de cette importance, se trouve alimentée, chaque jour, par des écrits dictés bien plus par l'influence des passions du moment, que par un amour sincère de la vérité. Les journaux de l'opposition se font surtout remarquer, autant par la persévérance de leurs attaques, que par l'adresse de leurs insinuations. Quelques articles échappés à la plume d'écrivains sans caractère et sans mission, ont servi de prétexte aux plus violentes déclamations, contre les projets supposés du Ministère et de la majorité royaliste, qui à voté avec lui dans la dernière Session. Les intentions les plus loyales, les actes les plus éclatans, et les plus sincères, ont été dénaturés ou passés sous silence. Tous les moyens, avec lesquels on favorisa en 1815 le retour de l'usurpateur et le bouleversement de la France, sont employés de nouveau pour entrainer les votes des électeurs vers les candidats de ce parti.

En laissant à l'Administration et au Ministère public le soin de distinguer dans les efforts de l'opposition, ce qui se concilie avec le système du Gouvernement représentatif, et ce qui porte le caractère d'actes séditieux et coupables, on a pensé qu'il pourrait être utile d'éclairer par quelques réflexions, l'opinion des Électeurs qui ne sont pas décidés à sacrifier leur jugement et leur conscience à des intérêts de parti, et qui désirent n'être guidés dans l'opération importante à laquelle ils vont concourir, que par des motifs de bien public.

Dans la lutte générale dont les Collèges Électoraux vont être le théâtre, les deux grands partis qui divisent aujourd'hui la société en France et même en Europe, vont se disputer la victoire. L'un de de ces partis veut la religion dans les loix et dans les mœurs, la légitimité dans la monarchie, l'ordre dans la société, et une fidélité inviolable aux institutions que nous devons à la sagesse du Roi. Il veut qu'aucune des gloires de la France ne soit perdue pour elle. Que tous les noms, que tous les souvenirs honorables soient également honorés. Que tous les talens soient encouragés, le dévouement et les services justement récompensés. Il veut, que la prospérité de la France s'accroisse au-dedans par une longue Paix, par l'amélioration successive et réfléchie de la législation, par une administration vigilante et économe. Il veut, que la France respectée au-dehors, conserve le haut rang qu'elle a repris en Europe et que les Lauriers du Pacificateur de l'Espagne lui ont si justement acquis. Il veut enfin, que notre systême de politique générale loin d'effrayer l'Europe par le dangereux essai de théories inapplicables à l'état actuel de la société, offre l'heureux modèle de l'alliance indissoluble d'un Trône héréditaire, et de cette liberté légale, véritable bien de l'homme en société, et dont nous n'avons commencé à jouir que depuis la restauration du Trône des BOURBONS. Tels sont les vœux, telles sont les intentions de tout ce qui s'honore en France du nom de Royaliste. Sans doute il existe dans ce nombre plusieurs nuances d'opinions ; quelques préférences pour telle ou telle institution; mais la religion, le Roi, la légitimité, la charte, le Bonheur et la Gloire de la France, voilà les points invariables, sur lesquels nous sommes et nous serons toujours d'accord. Envain voudrait-on renouveller ces bruits mensongers des prétentions ambitieuses du Clergé et de l'ancienne Noblesse ; ces fantômes avec lesquels on cherche à effrayer les esprits timides et incertains, à réveiller des passions dangereuses s'évanouissent facilement lorsqu'on veut discuter de bonne foi les faits existants, Le Clergé si respectable par la pureté de ses mœurs, par la simplicité évangélique qui le distingue, ne possède rien et ne peut rien posséder comme corps politique. Des Établissements religieux compatibles avec l'état actuel de la société, nécessaires à l'entretien de l'esprit de religion dans toutes les classes, ont été dotés et encouragés, mais tout est renfermé dans de sages limites, rien ne se fait sans l'approbation du Souverain, sans l'examen de ses conseils, et tout reste subordonné à l'intérêt général de l'État.

Ces Établissements n'empêchent pas le Gouvernement de protéger de tout son pouvoir l'Université et toutes les Institutions qui en dépendent. Tous les jours des Collèges communaux, dirigés par des Laïcs, sont ouverts sous l'autorisation du Gouvernement, qui se réserve seulement la surveillance qui lui appartient si légitimement. Cette surveillance a pour but principal de faire enseigner et pratiquer la religion aux élèves, et quel est le père de famille éclairé qui oserait s'en plaindre?

Les journaux de l'opposition ne cessent de répéter que la Chambre nouvelle si elle est composée de royalistes, donnera les registres de l'état-civil au clergé. C'est un nouveau moyen ajouté à tous ceux employés précédemment pour attirer des voix à leur parti, en effrayant la Nation sur les intentions du Ministère et de la majorité qui vote avec lui, mais il n'est pas difficile de prouver combien les craintes manifestées à cet égard sont peu fondées. En effet, si l'on veut réfléchir à l'état actuel de l'administration civile, à ses rapports multipliés, avec les citoyens, à toutes les époques de leur carrière, aux obligations importantes qu'elle doit remplir pour la répartition des contributions, les mutations de propriété, l'exécution des deux Loix fondamentales des Elections et du Recrutement, on appercevra de suite non-seulement la difficulté, mais l'impossibilité d'ôter aux Magistrats Municipaux le droit d'enregistrer les Actes qui sont la base et le maintien de l'ordre dans la société. Sans-doute il n'y aurait rien de contraire à l'esprit constitutionnel qui dirigera désormais toutes nos institutions, à chercher dans la sanction religieuse que reçoivent ces actes, de nouvelles garanties pour les mœurs et la réforme de quelques abus, tristes suites de nos malheurs, mais parmi toutes les raisons qui doivent convaincre que si quelque mesure de ce genre était adoptée, elle serait sagement et fortement limitée, il en est une invincible, c'est la raison d'Etat. Il n'est pas un Français, pour peu qu'il connaisse l'histoire de son pays, qui ne sache quel danger il y aurait à donner au Clergé une influence politique qui put lui permettre d'élever des conflits avec l'administration civile. Nos Annales sont remplies de nombreux débats occasionnés par les vices de nos anciennes coutumes, sur cet objet important, et le Ministère comme les Chambres, aura toujours le plus grand intérêt à écarter de la législation une source de troubles et de divisions.

Le corps des Evêques, représenté convenablement dans la Chambre des Pairs de France, y trouve les seuls interprètes politiques qu'il puisse avoir, et le Gouvernement a prouvé par un Acte récent, qui a du convaincre tous les hommes de bonne foi, qu'aucune considération particulière ne l'arrêterait quand il s'agirait de limiter des prétentions exagérées, ou de réprimer un zèle malentendu.

On peut combattre avec le même avantage les bruits relatifs aux prétentions de l'ancienne Noblesse, à l'envahissement qu'elle doit faire, dit-on, des charges et des emplois publics. Observons d'abord que la Noblesse ne peut exister ni se rétablir comme ordre particulier dans l'Etat, tant qu'il y aura une Chambre des Pairs. C'est là seulement que l'aristocratie de la société française est représentée, c'est aussi pour ce corps seul que quelques écrivains politiques, ont réclamé une législation spéciale pour les successions, afin d'assurer à la première dignité du royaume la perpétuité de possessions foncières qui peut seule en soutenir le lustre, et rendre cette institution vraiment nationale. Toutes les autres prétentions de la noblesse se réduisent à un patronage individuel plus ou moins étendu, et qui lui est aujourd'hui commun avec toutes les classes de la société qui jouissent d'une certaine aisance. Qu'on examine la liste des

Fonctionnaires depuis le conseil des Ministres, jusqu'aux plus faibles places d'administration, qu'on parcoure les contrôles de l'armée, les listes des écoles publiques, partout on trouvera l'application rigoureuse du principe constitutionnel, qui appelle tous les Citoyens à l'exercice des emplois civils et militaires. Jamais depuis la restauration, le titre de noble n'a suffi, dans quelque partie de service que ce soit pour motiver une protection spéciale, ou un avancement peu mérité; dans cette Guerre d'Espagne si courte et si glorieuse, dans cette Guerre dirigée par un BOURBON, a t'on vu les nobles avancés et récompensés de préférence? est-ce un ancien noble qui avait la confiance intime du Prince? est-ce des noms nobles qu'on trouve seuls sur les listes des officiers qui se sont distingués.

On croit devoir le répéter, la Noblesse comme corps politique n'existe plus que dans la Chambre des Pairs, partout ailleurs elle se réduit à des titres honorifiques, à d'honorables souvenirs, qui doivent être un des principes de vie de la société monarchique, en devenant pour des âmes bien nées le mobile et la récompense de toutes les grandes actions. Mais du reste prétendre persuader qu'en suivant telle ou telle ligne dans les élections c'est travailler en faveur de l'ancienne noblesse, c'est tomber dans une contradiction manifeste, car faire des élections c'est consolider le système représentatif, or ce système, tel qu'il existe aujourd'hui en France, rend absolument impossible le rétablissement de la noblesse dans toutes les prérogatives dont elle jouissait avant la révolution.

On a cru devoir donner quelque étendue à la discussion des deux principaux moyens de l'opposition; et sans prétendre avoir résolu toutes les difficultés, on espère que ces observations, qui toutes reposent sur des faits évidents, pourront contribuer à détromper les hommes qui se seraient laissés séduire par les assertions hasardées de l'esprit de parti.

Faut-il aussi répondre à cette autre accusation relative au rétablissement des Jurandes et Maîtrises, et des Corporations? Ne suffit-il pas de rappeler les progrès immenses de l'industrie française depuis 25 ans, les changemens survenus dans les mœurs et dans l'état de la société, pour convaincre tout homme de bonne foi de l'impossibilité de ramener le commerce et l'industrie à des formes devenues totalement étrangères pour nous. Lorsque le Gouvernement manifeste par tous ses actes la volonté la plus constante d'assurer la prospérité de la classe industrieuse, est-il possible de penser qu'il voudrait y porter le trouble et l'allarme par des innovations que l'opinion publique repousse impérieusement.

Après avoir exposé les vœux et les doctrines des royalistes, il faut aussi faire connaître les principes du parti qui se donne exclusivement le titre de constitutionnel.

On ne saurait le nier il y a dans les rangs de l'opposition de grands talens, de nobles caractères qu'on doit croire de très bonne foi dans le systême politique qu'ils ont embrassé. Qui désirent le bien de la France, et qui ne le croient possible qu'avec des moyens d'administration différents de ceux qui existent aujourd'hui. Mais ces hommes qui pourraient rendre leur opposition si utile, en la bornant sagement à un contrôle légal et judicieux des actes de l'administration, sont obligés, de s'abandonner aux impulsions de leur parti, et de subir toutes les conditions de son existence. Loin de trouver parmi leurs partisans cette unité de vues et de doctrines qui assure le triomphe de leurs adversaires, ils sont forcés de plier leurs propres principes à toutes les exigences des sectes qui les divisent. Unis seulement dans le but de renverser le systême actuel, ils se font solidaires de toutes les fautes qui peuvent se commettre sous la bannière commune. Sous cette bannière où des motifs divers ont placés des hommes honorables, sincèrement attachés au Trône et à la Dynastie des BOURBONS, se sont aussi ralliés tous les Révolutionnaires anciens et nouveaux, les hommes du 10 Août et du 21 Janvier, les partisans de toutes les usurpations, les complices de *Berton*, les hommes qui viennent de combattre en Espagne contre les soldats français; tous ceux qui professent ouvertement leur haîne contre l'auguste famille des BOURBONS, qui appellent de tous leur vœux de nouvelles révolutions. Tous ces hommes sont dans les rangs de l'opposition, ils propagent ses doctrines, ils portent ses ordres et ses messages, ils organisent ses agens; enfin ils travaillent de tous leurs moyens à assurer son triomphe. Qui peut dire que tous ces associés ont les mêmes vœux, tendent au même but, nourrissent les mêmes espérances; que si la providence voulant éprouver de nouveau la France, donnait encore une entière victoire à ce parti; qui peut dire à quel effroyable désordre la société française serait livrée par les prétentions diverses, les systêmes inconciliables qui diviseraient bientôt les vainqueurs?

Il y a cependant deux caractères dominants dans tous les actes qui émanent de ce parti, dans toutes les tentatives de ses affidés, dans tous les aveux de ses organes habituels. C'est une *répugnance* invincible pour les Gouvernements légitimes, surtout pour celui des BOURBONS, et une haîne plus forte encore contre la religion catholique et ses ministres. En vain voudrait-on nier ou pallier ces deux faits évidents, en alléguant qu'il existe dans l'opposition des hommes connus par leur dévouement à la monarchie dans les tems les plus difficiles, et d'autres qui se distinguent par un respect sincère pour la religion, nous dirons encore que ce n'est pas ces hommes qui sont l'opposition; de fausses combinaisons politiques, des amours propres blessés, les ont entrainés à d'imprudentes démarches, qui les retiennent dans les liens d'un parti qui n'est pas le leur. Mais l'opposition qui voulut renverser le ministère Richelieu comme le ministère Villèle, l'opposition qui a un comité directeur, des agents dans toute l'Europe, qui favorise de ses vœux, qui aide de ses trésors les révolutionnaires de toutes les nations, cette opposition est bien anti-monarchique et anti-religieuse. Lisez les discours de ses orateurs, les articles de ses journaux, les chansons de ses poëtes; demandez qui a répandu en france depuis 8 ans cette quantité prodigieuse de livres contraires à la religion et aux bonnes mœurs, et doutez encore, si vous l'osez, des aversions de ce parti et de ses coupables efforts. Haîne aux Rois et aux Prêtres, telle est la devise donnée à la secte il y a 40 ans par un de ses patriarches, et tel est encore aujourd'hui le mot de ralliement de ses adeptes. Et qu'on ne taxe pas ces assertions de vaines déclamations. Parmi les hommes qui prennent le nom de libéraux il en est beaucoup qui, s'ils voulaient être de bonne foi, conviendraient que le but de tous leurs vœux serait de voir changer le Gouvernement des BOURBONS, et de réduire le culte catholique à la condition précaire qu'il avait pendant la révolution, afin d'arriver successivement à ce qu'ils appellent l'affranchissement total de la raison humaine.

Il faut examiner maintenant quel serait le résultat du succès obtenu dans les élections par l'un ou l'autre des partis qui vont y lutter avec toutes leurs forces.

Si la majorité de la Chambre qui doit être le produit des élections nouvelles est royaliste, si elle se compose, en grande partie des mêmes élémens que la précédente, elle concourra avec le Ministère à consolider les institutions qui doivent assurer à jamais l'union du Trône légitime et du système représentatif. En donnant une existence plus stable à l'un des trois pouvoirs législatifs, on introduira dans toutes les branches de l'administration un esprit d'ordre et de fixité que nous n'avons encore pu connaître. Toutes les parties de la législation. tous les services publics, pourront être successivement améliorés, avec calme et maturité. Notre crédit si prodigieux après une guerre dispendieuse, sera maintenu et élevé, tous nos malheurs seront successivement réparés, et il sera permis d'espérer avant peu une diminution importante dans les charges de l'Etat. Des établissemens utiles, pourront être entrepris et achevés, de grands moyens de prospérité pourront être ajoutés à ceux que nous possédons. Un commerce florissant, une agriculture productive, tels seront les fruits nécessaires d'un état de paix et du calme intérieur que nous devons espérer en nous ralliant au Gouvernement du Roi. Au dehors la France respectée, enviée peut-être, voyant sa politique constamment d'accord avec celle des grandes puissances de la société Européenne, restera l'un des arbitres des événements, pourra s'appliquer sans crainte à son administration intérieure, et surveiller avec dignité les mouvements de ses voisins.

Si l'on suppose au contraire que l'opposition obtienne la majorité dans les choix électoraux, en admettant même que ses Députés arriveront à la Chambre avec les vues les plus modérées, avec un système de Gouvernement bien arrêté, on ne peut néammoins refuser d'avouer que cete majorité amenerait forcément et immédiatement les résultats suivants ; changement complet du ministère, réorganisation de toutes les administrations publiques, déplacement de tous les fonctionnaires civils, de tous les officiers de terre ou de mer reconnus comme ennemis du nouveau système; modifications à toutes les loix fondamentales, ébranlement du crédit public, et par suite difficulté dans le recouvrement des impositions, voilà pour l'intérieur. De plus grands désordres auraient lieu encore dans nos relations extérieures, car le parti qui serait aux affaires, ne s'appuyant que sur les principes qui ont amené des révolutions dans les états voisins, une des conditions de son existence serait de ranimer ces révolutions; d'en aider le triomphe par tous ses moyens, et de former de ces états révolutionnés une ligue sous la protection de la France, pour l'opposer aux grandes Puissances du continent.

On ne niera pas que ces projets soient ceux de l'opposition, elle les a proclamés elle même à la tribune, elle a voulu les imposer au gouvernement comme les seuls moyens de soutenir l'honneur et la gloire de la France. Qui peut dire où nous entraîneraient de semblables mesures, ce que deviendraient dans ce conflit général, notre crédit, notre commerce, notre industrie, et quel serait le sort de la France si une nouvelle ligue des grandes puissances leur livrait une troisième fois notre belle Patrie. Il faut l'espérer pour l'honneur de la France, de si grands malheurs seront conjurés. Les électeurs qui ont pu être allarmés par des bruits mensongers, par des prétentions individuelles qui ne sont d'aucun poids dans l'intérêt général de la France, reconnaîtront à quels dangers ils exposeraient leur pays et leurs familles, en favorisant de leurs votes un parti qui ne peut triompher, ni assurer la durée de son triomphe, qu'en faisant subir à notre Patrie les terribles chances d'un nouveau bouleversement.

On n'aurait pas entiérement atteint le but qu'on s'est proposé en publiant ces réflexions, si l'on n'appellait l'attention des électeurs royalistes sur une des manœuvres les plus adroites de leurs adversaires, et dont ils attendent le plus de succès. Habiles à saisir tous les avantages, ils mettent tous leurs soins a entretenir parmi les royalistes des divisions dont ils espèrent profiter. Intérêts d'amour propre et de localité, bruits mensongers ou ridicules, tout est mis en œuvre pour augmenter ces divisions et les faire dégénérer en scission ouverte.

Si quelques électeurs royalistes étaient tentés de donner dans ce piège, si l'improbation de quelques mesures, l'antipathie pour certains hommes pouvait les entrainer à séparer leurs votes de ceux de leurs amis, qu'ils veuillent bien réfléchir, que ce n'est point ici une élection partielle et locale dans laquelle quelques chances plus ou moins favorables peuvent être facilement négligées, que ce n'est pas uniquement pour conserver les Ministres actuels et leur systême qu'on fait des élections, mais qu'il s'agit d'une lutte sérieuse et décisive entre l'opinion religieuse et monarchique, et l'opinion qui joint aux principes philosophiques du 18.e siècle, le désir et l'intention formelle de donner à la France tout autre gouvernement que celui des BOURBONS. Qu'ils sachent que les meneurs de ce parti sont tellement convaincus de l'importance de ce conflit, qu'ils couvrent la France de leurs agents et de leurs écrits, que des comités affiliés au grand comité directeur, sont organisés dans toutes les villes de quelque importance, qu'ils corespondent avec tous les autres points du territoire. Qu'aucuns moyens, même ceux de la terreur, ne sont omis par ces agents pour procurer des votes à leurs candidats, et qu'avec de tels adversaires, une seule faute peut faire perdre la partie.

Si ceux des électeurs royalistes qui auraient pu songer à une division, veulent bien réfléchir à tous ces faits, et à leurs conséquences, on a tout lieu d'espérer qu'ils se convaincront de la nécessité de de se rallier à la majorité de leurs amis, et de renoncer, au-moins pour cette fois, à tout ce qu'ils croient devoir à l'amitié, ou à la reconnaissance, pour ne voir que l'intérêt général de la MONARCHIE.

FIN.

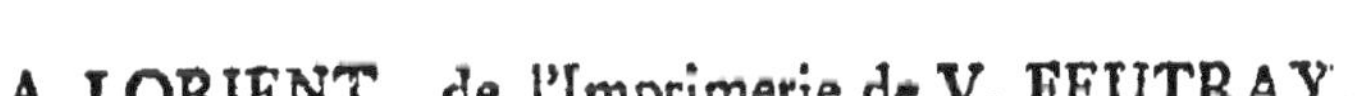

A LORIENT, de l'Imprimerie de V. FEUTRAY.

www.ingramcontent.com/pod-product-compliance
Ingram Content Group UK Ltd.
Pitfield, Milton Keynes, MK11 3LW, UK
UKHW020233200726
13856UKWH00004B/1745

9 782012 488304